La vida marina

Dona Herweck Rice

Asesor

Timothy Rasinski, Ph.D.
Kent State University

Créditos

Dona Herweck Rice, *Gerente de redacción*
Robin Erickson, *Directora de diseño y producción*
Lee Aucoin, *Directora creativa*
Conni Medina, M.A.Ed., *Directora editorial*
Ericka Paz, *Editora asistente*
Stephanie Reid, *Editora de fotos*
Rachelle Cracchiolo, M.S.Ed., *Editora comercial*

Basado en los escritos de *TIME For Kids*.

TIME For Kids y el logotipo de *TIME For Kids* son marcas registradas de TIME Inc.
Usado bajo licencia.

Teacher Created Materials

5301 Oceanus Drive
Huntington Beach, CA 92649-1030
http://www.tcmpub.com

ISBN 978-1-4333-4423-7

© 2012 Teacher Created Materials, Inc.
Printed in Malaysia. THU001.8400

Muchos animales y plantas viven en el **mar**.

Los **caballitos de mar** viven en el agua poco profunda. Se agarran del **alga marina.**

Los **cangrejos** viven en el agua poco profunda también.

Las **estrellas de mar** viven en las charcas de marea.

También allí viven los
erizos de mar. Los dos son
animales pequeños que van
y vienen con las mareas.

Las **ballenas** pueden sumergirse en el agua profunda, pero son mamíferos.

Los mamíferos necesitan subir a la superficie para respirar.

Los **rapes** viven en lo más profundo del mar y tienen una aleta con su propia luz.

Los peces pequeños tratan
de comerse el rape, ¡y
luego el rape se los come!

Los **tiburones** no viven en un solo lugar. Nadan por todas partes.

Siempre buscan peces para comer.

Muchos animales marinos
viven cerca de los **arrecifes
de coral.**

El coral tiene muchos
lugares donde los animales
pueden esconderse.

Las plantas también viven
en el mar. Hay muchos
tipos de algas marinas.

Los bosques de plantas
marinas crecen en el fondo
del océano arriba y hacia
la luz.

Glosario

alga marina

erizo de mar

arrecifes de coral

estrella de mar

ballena

mar

caballito de mar

rape

cangrejo

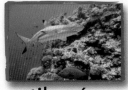

tiburón

Palabras para aprender

agua

aleta

alga marina

animales

animales marinos

arrecifes de coral

ballenas

bosques

caballitos de mar

cangrejos

charcas de marea

erizos de mar

esconderse

estrellas de mar

luz

mamíferos

mar

mareas

nadan

océanos

plantas

poco profunda

profunda

rapes

sumergirse

superficie

tiburones

La vida marina

Desde las charcas formadas por la marea hasta el mar abierto, el océano está lleno de vida—nadando, arrastrandose y flotando. ¡Puedes aprender todo sobre las cosas del mar dentro de este libro!

TIME FOR KIDS
Nonfiction Readers

Nivel 1.6
Número de palabras: 179
Nivel de lectura según las correlaciones:
Intervención temprana nivel 9–10
Lectura guiada nivel I
Nivel 10 del examen de desarollo en lectura (DRA)
Código Lexile® 400L

ISBN 978-1-4333-4423-7
50000

9 781433 344237

TCM 15423

¡Locos por insectos y arañas!

Dona Herweck Rice